INHALT

Das wichtigste Buch auf der Welt

Die Bibel ist das wichtigste Buch auf der Welt. Warum? Weil sie dir zeigt, wie gut Gott ist und wie du glücklich mit ihm leben kannst.

Wenn du traurig bist, kann Gott dich trösten. Wenn du dich alleine fühlst, will Gott dir ganz nah sein. Wenn du etwas Verkehrtes getan hast, zeigt Gott dir, wie du es wieder in Ordnung bringen kannst. Wenn du vor einer kniffligen Entscheidung stehst, hilft Gott dir, das Richtige zu tun. Das alles und noch viel mehr kannst du erfahren, wenn du auf Gott vertraust. Und das geht am einfachsten, wenn du die Bibel liest, darüber nachdenkst und danach lebst.

Vielleicht verstehst du jetzt, warum die Bibel das Lieblingsbuch von vielen Menschen ist.

Niemand hat es geschafft, die Bibel zu vernichten

Aber nicht alle Menschen mögen das Buch Gottes. Die Bibel hatte in der Vergangenheit schon viele mächtige Gegner. Sie versuchten, die Bibel zu vernichten. Das waren Könige, Kaiser und mächtige Politiker. Aber keiner von ihnen brachte es fertig, die Bibel aus der Welt zu schaffen.

Leider gibt es bis heute Länder, in denen es gefährlich sein kann, eine Bibel zu besitzen. In manchen Ländern werden Christen verfolgt, in Gefängnisse oder Arbeitslager gesteckt.

Was ist das Besondere an der Bibel?

Die Bibel ist das Wort Gottes. Und Gott hat über viele, viele Jahre auf sein Wort aufgepasst.

Jesus Christus sagt:
Der Himmel und die Erde werden vergehen, meine Worte aber werden nicht vergehen.
Die Bibel – Matthäus 24,35

Die Worte der Bibel sind wahr und unvergänglich. Deshalb kannst du dich ganz fest darauf verlassen.

Wie kam die Bibel zu uns?

Die Bibel hat insgesamt 66 einzelne Bücher. Sie ist so etwas wie eine kleine Bibliothek. Diese Bücher haben ungefähr 40 Menschen aufgeschrieben, die sich oft gegenseitig gar nicht kannten. Das war auch gar nicht möglich. Denn es dauerte ungefähr 1.600 Jahre, bis alle Bücher der Bibel aufgeschrieben waren.

Die Schreiber der Bibel dachten sich nicht eigene Geschichten aus, wie das oft Leute tun, die Bücher schreiben. Gott sorgte dafür, dass sie genau das aufschrieben, was er uns mitteilen wollte. Die Bibel ist ein Buch, in dem alles wahr und alles wichtig ist.

Durch die Bibel kannst du den großen Gott kennenlernen. Dieser Gott ist gut und hat dich lieb. Er will dein Vater im Himmel werden.

Warum gibt es so viele Sprachen?

Es gibt viele verschiedene Sprachen auf der Welt. Wie kam es dazu?

Kennst du die Geschichte von Noah und der großen Flut? Nur Noah, seine Familie und die Landtiere rettete Gott durch die große Flut – in einem Schiff. Das war die Arche. Als die Flut vorüber war, versprach Gott Noah etwas. Er versprach ihm, nie wieder eine Wasserflut über die ganze Erde zu bringen. Als Zeichen für dieses Versprechen setzte Gott einen Bogen in die Wolken, den Regenbogen. Vorher hatte Gott zu Noah gesagt: „Vermehrt euch und verteilt euch auf der Erde."

Die Söhne Noahs bekamen Kinder und Enkelkinder. Die Menschen vermehrten sich. Verteilten sie sich jetzt auf der Erde? Zuerst sah es danach aus: Sie zogen nach Osten und fanden dort eine flache Landschaft.

Die Menschen erfinden Ziegel

Doch statt sich über die Erde zu verteilen, fingen die Menschen an, Häuser zu bauen. Dazu benutzten sie Ziegel. Das sind Mauersteine, die sie aus Lehm herstellten. Das Bauen klappte prima: Ziegelstein auf Ziegelstein! Wirklich eine geniale Erfindung! Ruck, zuck waren die Häuser fertig. Aber zufrieden waren sie damit noch lange nicht.

„Wir bauen einen Turm bis zum Himmel!"

„Los, wir bauen uns einen Turm, dessen Spitze bis an den Himmel reicht!", sagten sie. „Mit dem Turm kommen wir groß raus und jeder kann sehen, was wir geleistet haben!"

Gott gefiel es nicht, wie stolz und eingebildet die Menschen waren. Er sagte zu sich selbst: „Die Menschen wohnen am gleichen Ort und sprechen alle die gleiche Sprache. Wenn sie jetzt einen so großen Turm bauen, bleiben sie erst recht zusammen und verteilen sich nicht auf der Erde."

Bestimmt dachte Gott daran, dass das Herz der Menschen ja immer noch so böse war wie vor der großen Flut. Wenn sie jetzt schon so stolz waren, konnte ja noch viel Schlimmeres passieren!

Gott verwirrt die Sprache

Deshalb verwirrte Gott die Sprache der Menschen. Plötzlich redeten die Leute auf der Baustelle in verschiedenen Sprachen! Einer verstand den anderen nicht mehr. Sie mussten mit dem Turmbau aufhören.

Gott verwirrte die Sprache der Menschen, um dafür zu sorgen, dass sie sich über die ganze Erde verteilten. Merke dir: Was Gott tut, ist immer richtig und gut. Aber um Schlimmes zu verhindern, tut er manchmal Dinge, die uns nicht gefallen.

Jetzt weißt du, warum es auf der Welt so viele verschiedene Sprachen gibt.

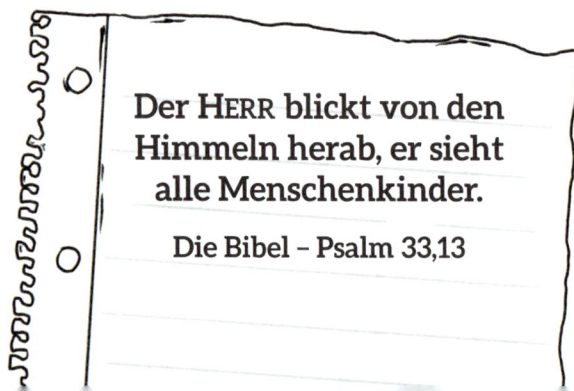

Der HERR blickt von den Himmeln herab, er sieht alle Menschenkinder.

Die Bibel – Psalm 33,13

Der clevere Jakob

Als jüngerer Mann betrog Jakob seinen alten Vater Isaak. Zur Zeit der Bibel war das so: Wenn der Vater einer Familie starb, bekam sein ältester Sohn doppelt so viel wie seine jüngeren Brüder vom Besitz des Vaters. Außerdem war der Erstgeborene der Chef unter den Brüdern. Das nannte man „Erstgeburtsrecht". Jakob war der jüngere Bruder von Esau. Und Jakob war sehr clever, wenn es um seinen eigenen Vorteil ging.

Jakob betrügt seinen Vater Isaak

Zuerst luchste Jakob Esau das Erstgeburtsrecht ab, als der hungrig von einem Jagdzug nach Hause kam. Nun musste er noch den Segen Esaus ergattern. Der „Segen" – das sind lauter gute Dinge, die Gott später im Leben erfüllt. Dazu verkleidete Jakob sich als Esau und belog seinen Vater. Isaak war schon sehr alt und konnte nicht mehr richtig sehen. Und so fiel er auf den Betrug herein.

Jakob muss fliehen

Jetzt hatte Jakob zwar den Segen seines Vaters erschlichen. Er hatte aber riesige Angst, dass sein Bruder Esau sich an ihm rächen würde. Deshalb floh er zu Verwandten und fand ein neues Zuhause bei seinem Onkel Laban.

Jakob wird betrogen

Laban hatte zwei Töchter. Die ältere hieß Lea, die jüngere Rahel. Jakob verliebte sich in Rahel und wollte sie heiraten. Für eine Frau musste man einen Brautpreis bezahlen. Weil Jakob kein Geld hatte, musste er sieben Jahre für seinen Onkel arbeiten. Sein Onkel war aber nicht weniger clever im Betrügen als Jakob. Es gelang ihm, Jakob zuerst mit Lea zu verheiraten. So musste Jakob noch weitere sieben Jahre für Rahel arbeiten.

Gott hält immer, was er verspricht

Jakob brauchte sehr lange, um zu lernen, dass es besser ist, auf Gott zu vertrauen als auf die eigene Kraft. Gott gab Jakob den Namen „Israel". Das heißt „Gotteskämpfer". Gott half Jakob, weil er das schon Jakobs Großvater Abraham versprochen hatte. Gott hält immer, was er verspricht. – Gott hilft auch dir, wenn du ihm vertraust.

Siehe,
ich bin mit dir,
und ich will dich
behüten überall,
wohin du gehst.

Die Bibel – 1. Mose 28,15

DAS GETEILTE MEER (2. Mose 14)

Gott führt die Israeliten aus Ägypten

Wie froh waren die Israeliten! Endlich hatte der Pharao, der König von Ägypten, sie freigelassen! Wie lange hatten sie als Sklaven für die Ägypter gearbeitet. Nun zogen alle Israeliten los. Ihnen stand eine lange Reise durch die Wüste bevor. Danach würde Gott sie in das Land Kanaan bringen. Das hatte er ihnen versprochen. Und Gott zeigte ihnen den Weg. Tagsüber zog er in einer Wolkensäule vor ihnen her und nachts in einer Feuersäule.

Die Ägypter jagen den Israeliten nach

Kaum waren die Israeliten losgezogen, sagte der böse Pharao: „Warum haben wir die Israeliten ziehen lassen!" Er setzte sich an die Spitze seiner riesigen Armee. Er wollte die Israeliten wieder einfangen. Aber Gott hatte einen ganz anderen Plan: Er wollte den Ägyptern noch ein letztes Mal seine große Macht zeigen.

Inzwischen hatte das Volk Israel das Ufer des Roten Meers erreicht und lagerte dort. Als die Israeliten die Armee der Ägypter in der Ferne sahen, bekamen sie Angst. „Habt keine Angst!", beruhigte Mose sie. „Wartet nur ab, wie Gott uns retten wird. Ihr werdet die Ägypter nur noch heute ein letztes Mal sehen. Gott wird für uns kämpfen."

Gott macht den Weg frei

Und so geschah es. Gott sagte zu Mose: „Sag dem Volk, sie sollen aufbrechen!" – Das war eigentlich unmöglich. Vor ihnen lag ja das Meer und von hinten rasten die Ägypter mit ihren Streitwagen heran! – „Strecke deinen Stab über das Meer aus und spalte es", sagte Gott, „damit die Israeliten mitten durch das Meer gehen können."

Das tat Mose. Gott trieb in der Nacht das Meer durch einen starken Ostwind weg. Zugleich stellte er die Wolkensäule zwischen die Armee des Pharao und die Israeliten. Die Ägypter verloren die Orientierung und

Gott, du hast durch deine Güte geleitet das Volk, das du erlöst hast.

Die Bibel – 2. Mose 15,13

kamen nicht mehr voran. Auf der Seite der Israeliten leuchtete Gott in der Feuersäule. Sie hatten es hell, um ihre Zelte abzubrechen.

Gerettet!

Die Israeliten gingen ins Meer hinein auf dem Trockenen. Die Wasser türmten sich links und rechts wie eine Mauer auf. Die Ägypter jagten hinter den Israeliten her. Als alle Israeliten das andere Ufer erreicht hatten, sagte Gott zu Mose: „Strecke deine Hand wieder über das Meer aus!" Die Wasser flossen wieder zurück. Die Ägypter hatten keine Chance. Sie ertranken alle!

So rettete Gott sein Volk aus der Sklaverei der Ägypter. Die Israeliten staunten über Gottes Größe und Macht. Wie gut war Gott zu ihnen! Dankbar sangen sie ein Lied über ihre große Rettung.

Gott hatte die Israeliten aus der Sklaverei in Ägypten befreit. Die Israeliten waren ein großes Volk mit Millionen Menschen. Gott hatte ihnen versprochen, sie in das schöne und fruchtbare Land Kanaan zu bringen. Dorthin waren sie unterwegs. Sie mussten durch eine große Wüste ziehen, um in das Land Kanaan zu kommen.

Die Israeliten werden unzufrieden

Auf dem Weg durch die Wüste wurde das Volk ungeduldig und unzufrieden. Dabei hatten die Israeliten allen Grund, zufrieden und dankbar zu sein. Sie beschwerten sich bei ihrem Anführer Mose: „Warum hast du uns aus Ägypten hinausgeführt, damit wir jetzt in der Wüste sterben? Hier finden wir kaum etwas zu essen und zu trinken! Und das Brot, das Gott uns vom Himmel gibt, haben wir satt. Jeden Tag das gleiche Essen!"

Da schickte Gott giftige Schlangen unter das Volk. Viele wurden von den Schlangen gebissen und starben. Nun kam das Volk wieder zu Mose und sagte: „Es war verkehrt und böse, dass wir uns beklagt haben. Kannst du Gott bitten, dass er die Schlangen wieder wegnimmt?"

Wer zur Schlange aus Kupfer schaut, bleibt am Leben

Das tat Mose. Er betete für das Volk zu Gott. – Was denkst du? Hörte Gott auf Mose? – Gott antwortete Mose: „Mach dir eine Schlange aus Kupfer und häng sie an einer Stange auf. Dann wird jeder am Leben bleiben, der zu dieser Schlange aufsieht." So hängte Mose eine Schlange aus Kupfer an eine Stange. Und tatsächlich: Jeder, der von einer Giftschlange gebissen wurde und zur Schlange aus Kupfer aufsah, wurde gerettet und blieb am Leben.

Wer an Jesus glaubt, wird gerettet

Ist es nicht zum Staunen, wie gut Gott ist? Er erbarmt sich über uns Menschen, obwohl wir das nicht verdient haben. Das nennt die Bibel „Gnade". Auch heute bietet Gott allen Menschen seine Gnade an.

Heute tut Gott das durch seinen Sohn Jesus Christus, der als Mensch auf die Erde kam. Der Name „Jesus" bedeutet „Retter". Jesus ist gekommen, um uns Menschen von unseren Sünden zu retten. Sünden sind alle bösen Dinge, die wir tun, sagen oder denken. Das Böse in unserem Leben sorgt dafür, dass wir nicht zu Gott in den Himmel kommen können. Schon eine einzige Sünde reicht aus, um uns den Weg zu Gott zu versperren. Aber Gott sieht unsere schlimme Lage. Er hat Erbarmen mit uns und er will uns den Himmel schenken, wenn wir den Herrn Jesus als unseren Retter annehmen.

Wie gut, dass es den Retter Jesus Christus gibt!

Jesus sagte einmal: „So wie Mose in der Wüste die Schlange erhöhte, so muss ich von der Erde erhöht werden." Damit meinte Jesus, dass er am Kreuz sterben würde. Dann erklärte der Herr Jesus: „Wer an mich glaubt, geht nicht verloren, sondern bekommt das ewige Leben."

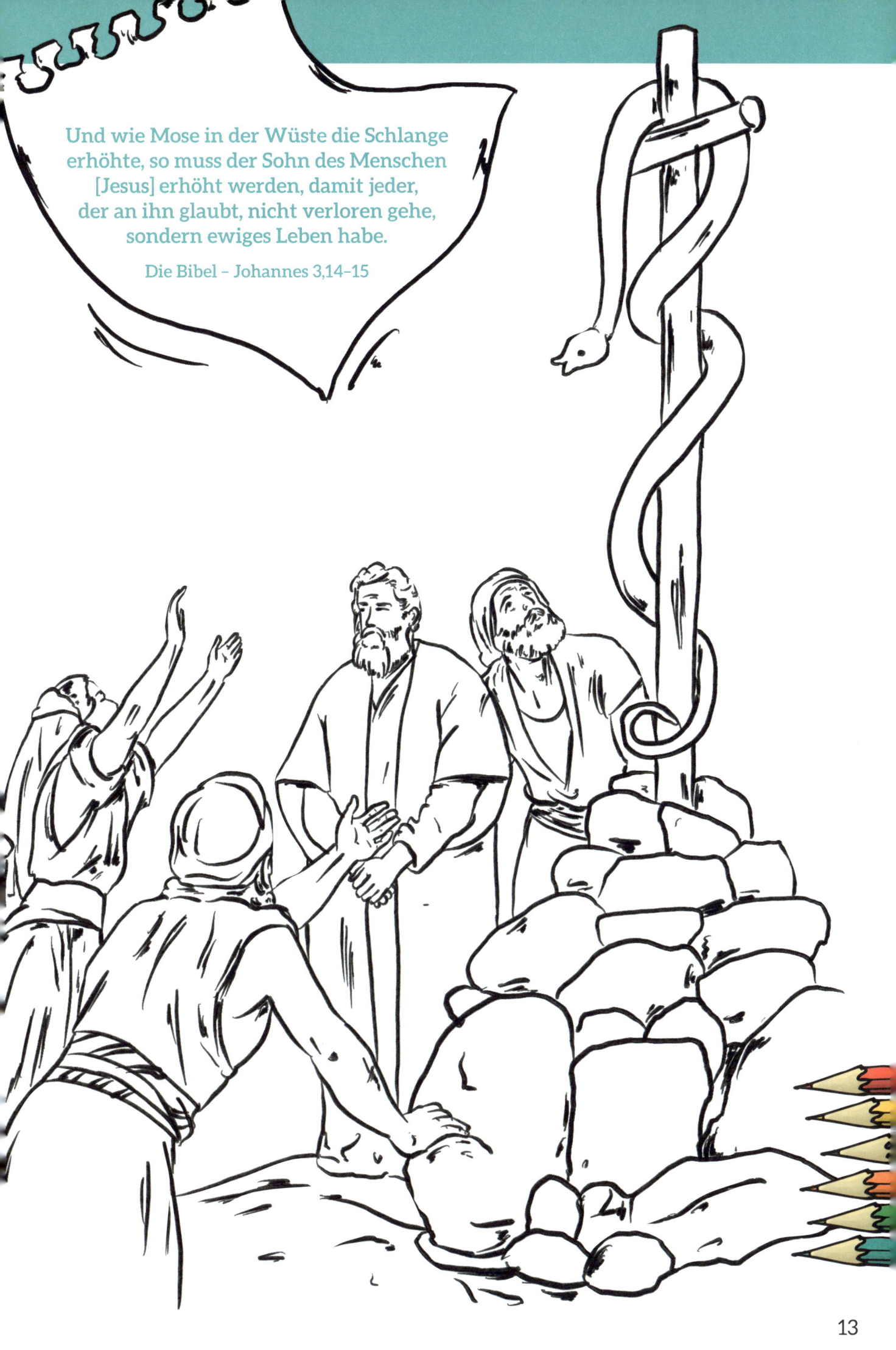

Und wie Mose in der Wüste die Schlange erhöhte, so muss der Sohn des Menschen [Jesus] erhöht werden, damit jeder, der an ihn glaubt, nicht verloren gehe, sondern ewiges Leben habe.

Die Bibel – Johannes 3,14–15

DIE VERSTECKTEN SPIONE (Josua 2)

Das Land Kanaan ist bewohnt

Durch die Wüste Sinai hatte Gott das Volk Israel bis nach Kanaan geführt. Das Land Kanaan hatte er schon den Vorfahren der Israeliten versprochen. Und jetzt war es endlich so weit. Aber Moment! Das Land war nicht leer. Es war von den Kanaanitern bewohnt. Gegen die mussten die Israeliten zuerst kämpfen, um das Land in Besitz zu nehmen.

Josua schickt Spione los

Der Anführer Josua schickte heimlich zwei Spione los. Sie sollten die Stadt Jericho ausspionieren. Jericho war mit dicken Mauern befestigt. Die Spione sollten herausfinden, wie man die Stadt am besten angreifen könnte. Die Spione machten sich auf den Weg. Sie gelangten in die Stadt. Sie gingen in das Haus einer Frau mit Namen Rahab und legten sich dort schlafen.

Entdeckt!

Doch die Spione waren schon aufgeflogen! Dem König von Jericho war berichtet worden, dass sie in der Stadt waren. Er schickte seine Diener zu Rahab und ließ ihr sagen: „Gib die Männer heraus, die zu dir gekommen sind. Sie sind gekommen, um unser Land auszuspionieren!"

Da weckte Rahab die Kundschafter auf und brachte sie schnell auf das flache Dach ihres Hauses. Dort lag ein großer Haufen Pflanzenstängel zum Trocknen.

Rahabs Mut und Lüge

Den Dienern des Königs sagte Rahab, dass die Kundschafter die Stadt schon wieder verlassen hätten. Das war gelogen. Es war mutig von Rahab, die Spione zu verstecken. Aber lügen ist für Gott nicht in Ordnung.

Wenn du in eine knifflige Situation gerätst, dann bete zu Gott. Er will dir gerne helfen, wenn du ihm vertraust.

Rahab kannte den Gott Israels ja nur von dem, was sie über ihn gehört hatte. Was hatten die Kanaaniter von diesem mächtigen Gott gehört? Dass er das Volk Israel durch ein gewaltiges Wunder mitten durch das Meer geführt hatte. Deshalb hatten die Kanaaniter schreckliche Angst vor den Israeliten – oder genauer gesagt: vor ihrem mächtigen Gott.

Das Versprechen

„Bitte versprecht mir", sagte Rahab, „dass ihr meine Verwandten und mich verschont, wenn ihr Jericho erobert." Das versprachen die Kundschafter, weil sie Rahab ihr Leben verdankten.

Rahabs Haus war in die Stadtmauer Jerichos gebaut. Rahab nahm ein Seil und ließ die Männer durch ein Fenster aus der Stadt entkommen. Vorher vereinbarten sie ein geheimes Zeichen: Rahab sollte für die Israeliten eine rote Schnur ins Fenster hängen. Dann wüssten die israelitischen Soldaten, welches Haus sie verschonen sollten.

Kaum waren die beiden Spione in der Ferne verschwunden, nahm Rahab sofort die rote Schnur und hängte sie ins Fenster. Sie wusste ja: Meine Rettung und die meiner Verwandten hängt von dieser Schnur ab.

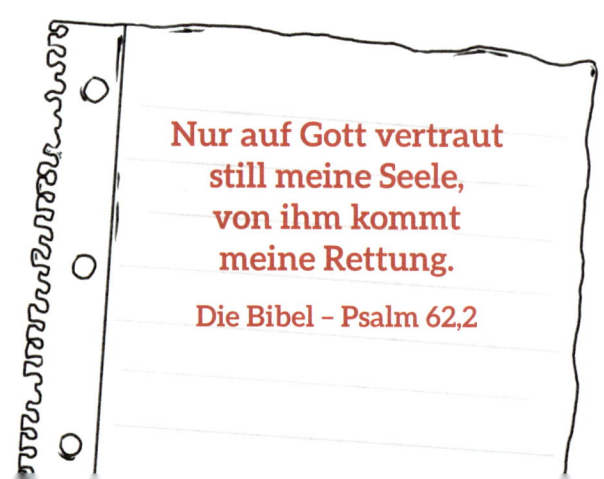

Nur auf Gott vertraut
still meine Seele,
von ihm kommt
meine Rettung.

Die Bibel – Psalm 62,2

Simson – von Gott ausgesucht

Simson war ein Richter. Das waren Leute, die Gott sich aussuchte, um seinem Volk gegen die Feinde zu helfen. Simson suchte Gott sogar schon vor dessen Geburt aus. Simson sollte ganz für Gott leben. Manchmal geriet Gottes Geist über ihn. Dann wurde Simson bärenstark.

Als junger Mann wollte Simson eine Frau von den feindlichen Philistern heiraten. Das war absolut nicht in Ordnung. Simson sollte das später bitter bereuen!

Simson und der junge Löwe

Eines Tages ging Simson zu seiner Braut. Plötzlich stellte sich ihm ein junger Löwe in den Weg. Jeder wäre sofort weggelaufen. Simson nicht. Gott machte ihn so stark, dass er den Löwen mit bloßen Händen tötete. Als Simson später wieder nach Hause ging, blieb er verdutzt am Wegesrand stehen: Da lag der tote Löwe noch. Und um ihn summte und brummte es. Im toten Löwen hatte sich ein Schwarm Bienen niedergelassen!

Das Rätsel auf der Hochzeit

Einige Wochen später war Simsons Hochzeit. Das war ein Fest, das sieben Tage dauerte. Zu Beginn sagte Simson zu 30 jungen Gästen: „Ich will euch einmal ein Rätsel aufgeben: Aus dem Fresser kam Fraß, und aus dem Starken kam Süßigkeit."

Simson versprach ihnen Kleider, wenn sie das Rätsel lösten. Die Gäste dachten drei Tage angestrengt nach. Aber sie konnten das Rätsel nicht knacken. Sie baten Simsons Braut um Hilfe. Die überredete Simson, ihr die Lösung zu verraten und sie erzählte sie den Gästen. So endete die Hochzeit in einer einzigen Katastrophe: Simson verlor seine Frau wieder. Dafür nahm er bittere Rache an den Philistern. – Sich rächen ist ganz und gar nicht in Ordnung. Im Gegenteil: Wer mit Jesus lebt, soll seine Feinde lieben.

Das Stadttor auf dem Berg

Einmal übernachtete Simson in einer Stadt der Philister. „Jetzt haben wir ihn geschnappt!", dachten sie und bewachten das Stadttor, um ihn zu fangen, wenn er die Stadt verließ. Doch Simson stand um Mitternacht auf. Mit seiner Bärenkraft riss er das ganze Stadttor aus der Stadtmauer, legte es auf seine Schultern und schleppte es auf den Gipfel eines Berges in der Nähe.

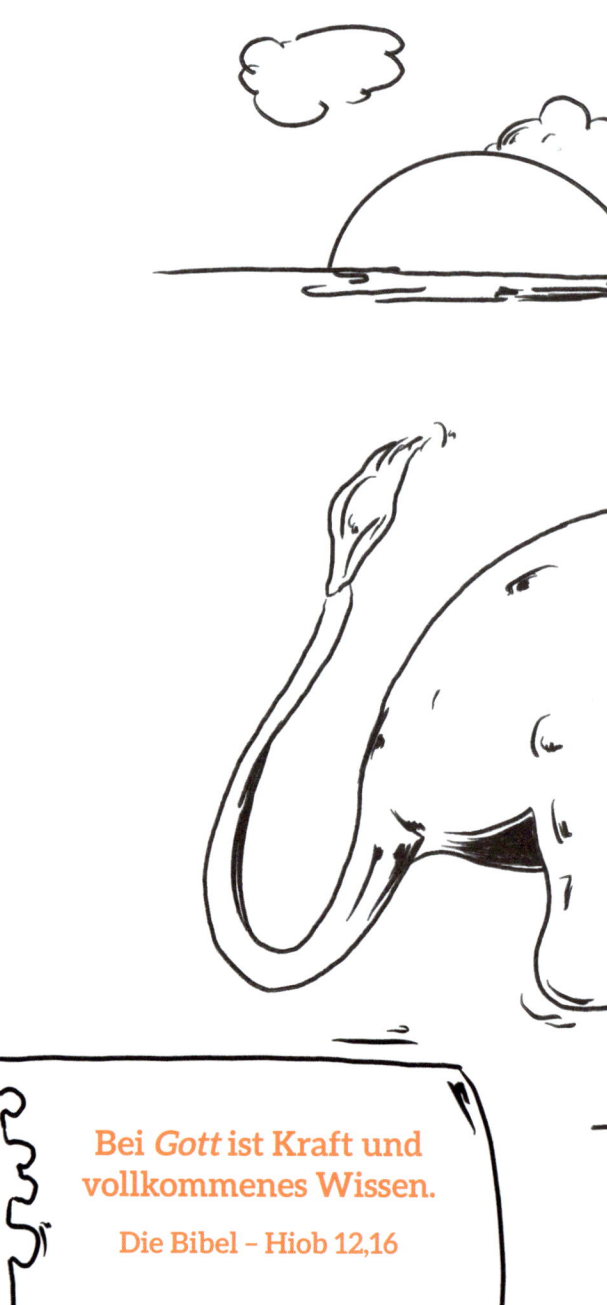

Bei *Gott* ist Kraft und vollkommenes Wissen.

Die Bibel – Hiob 12,16

Simson wird schwach

Simson fügte den Philistern noch viele Niederlagen zu, aber dann wurde ihm eine Frau zum Verhängnis. Es war eine Philisterin. Ihr gelang es, Simson das Geheimnis seiner Kraft zu entlocken, und sie verriet es ihren Landsleuten. Da schnitten die Philister dem schlafenden Simson seine Haare ab, weil die das Geheimnis seiner Kraft waren. Sie stachen ihm die Augen aus und nahmen ihn gefangen.

Noch einmal Kraft

Am Ende seines Lebens bat Simson Gott, ihm noch ein einziges Mal Kraft zu geben. Gott erfüllte ihm diesen Wunsch. Da brachte Simson ein Gebäude zum Einsturz. Auch er kam dabei mit den Philistern ums Leben. Was für ein trauriges Ende!

17

Hunger in Bethlehem – Trauer in Moab

Die Geschichte von Ruth ereignete sich, als Gottes Volk aufhörte, Gott zu vertrauen und ihm zu gehorchen. Eine furchtbare Hungersnot schlug das Land. Es gab keine Früchte und kein Getreide mehr. Die Tiere und die Menschen waren vom Hungertod bedroht. Deshalb verließ ein Mann mit seiner Frau Noomi und seinen beiden Söhnen Bethlehem. Sie suchten nach Nahrung. Er ging ins Nachbarland Moab. Doch dort hatte er kein Glück. Er starb, und nicht lange danach starben auch seine beiden Söhne. Nur Noomi, seine Frau, blieb mit ihren beiden Schwiegertöchtern Ruth und Orpa zurück.

Zurück in die Heimat

Noomi hörte, dass die Hungersnot in Israel vorübergegangen war. Sie beschloss, in ihre Heimat zurückzukehren. Doch was sollten Ruth und Orpa tun? Noomi riet ihnen, in Moab zu bleiben und wieder zu heiraten. Orpa ging zu ihrer Familie zurück, aber Ruth wollte das nicht. Stattdessen versprach sie, dass sie niemals ihre Schwiegermutter verlassen würde, weil sie auch an den Gott Israels glaubte.

So kehrte Noomi mit ihrer Schwiegertochter nach Bethlehem zurück – mit leeren Händen. Ruth hielt ihr Versprechen und arbeitete schwer in Bethlehem, um für die alte Noomi zu sorgen. Jeden Tag folgte sie den Erntearbeitern aufs Feld und hob das übrig gebliebene Korn auf.

Auf dem Feld von Boas

Das Feld, auf dem Ruth Korn aufsammelte, gehörte dem reichen Boas. Boas hörte, wie gut Ruth für ihre Schwiegermutter sorgte.

Deshalb sagte er seinen Arbeitern, dass sie absichtlich mehr Korn für Ruth liegen lassen sollten. Er behandelte die fremde Frau sehr freundlich. Zu Hause berichtete Ruth Noomi von Boas' Freundlichkeit. Noomi erklärte ihr, dass Boas ein naher Verwandter von ihr war.

Heiratspläne

Nachdem Ruth Boas immer besser kennenlernte, wollte er sie heiraten, aber das war nicht so einfach. Denn außer ihm gab es noch einen näheren Verwandten, der zuerst das Recht hatte, Ruth zu heiraten. Das schrieb das Gesetz bei einer Frau vor, die wie Ruth schon einmal mit einem Israeliten verheiratet und kinderlos gewesen war. Doch Boas gelang es, sich mit dem anderen Verwandten friedlich zu einigen, sodass er Ruth heiraten konnte. Nun gehörte die Moabiterin Ruth zur Familie von Boas. Die beiden bekamen einen Sohn und nannten ihn Obed.

Obed wurde der Großvater von David, dem großen König von Israel. Und damit wurde dieses Kind sogar ein Vorfahre von Jesus Christus, der von Davids Familie abstammte. Jesus ist ja ein viel größerer König als David, weil er der Retter der Welt ist.

Wir selbst haben gehört und wissen, dass *Jesus Christus* wahrhaftig der Heiland der Welt ist.

Die Bibel – Johannes 4,42

Der Riese Goliath

Zur Zeit Sauls, des ersten Königs von Israel, machten die Philister den Israeliten das Leben schwer. Einmal hatten diese Feinde ihre ganze Armee auf einem Hügel versammelt. Auf dem Hügel gegenüber lagerten die Israeliten.

Für die Philister kämpfte der Riese Goliath. Er war riesengroß und trug eine gewaltige Rüstung, einen Helm aus Bronze und einen schweren Schuppenpanzer. Sogar seine Beine waren mit Schienen aus Bronze geschützt.

Prahlerisch lief Goliath ins Tal und forderte die Israeliten heraus: „Wählt einen Mann aus, der mit mir kämpft. Wenn es ihm gelingt, mich zu töten, werden wir eure Sklaven sein." Saul und alle seine Soldaten erschraken. Mit so einem mächtigen Gegner hatten sie noch nie zu tun gehabt.

David vertraut auf Gott

Nur einer erschrak nicht: David, ein Hirtenjunge aus Bethlehem. Er war von seinem Vater zum Kampfplatz geschickt worden. Seine drei ältesten Brüder waren Soldaten und David sollte ihnen Proviant bringen. Dabei hatte er mitbekommen, wie dreist der Riese Goliath die Israeliten zum Kampf herausforderte.

David ließ sich zu König Saul bringen. Viel Überredung war nötig, bis Saul David in den Zweikampf mit dem Riesen schickte. David verzichtete auf eine Rüstung und die üblichen Waffen. Stattdessen ging er zu einem Bach, suchte darin fünf glatte Kieselsteine und steckte sie in seine Tasche. Als Hirte hatte David schon gegen Löwen und Bären gekämpft. Aber das Wichtigste war nicht seine Kampferfahrung, sondern sein Vertrauen auf Gott. David wusste, dass Gott stärker ist als alles und viel stärker als Goliath.

Der ungleiche Kampf

Mutig ging David dem Riesen entgegen. In seiner Hand lag seine Hirtenschleuder. Das war eine Schlinge aus Leder, die er wie ein Lasso durch die Luft kreisen ließ, um Steine zu schleudern.

Goliath lachte. Dieser junge Kerl ohne Rüstung wollte gegen ihn kämpfen?

„Ich werfe dich den Vögeln und wilden Tieren zum Fraß vor!", höhnte er.

„Du trittst mir entgegen mit deinem Schwert, deinem Speer und deinem Wurfspieß", antwortete David, „ich aber komme zu dir im Namen Gottes, des Allmächtigen." Blitzschnell griff er in seine Tasche und legte einen Stein in die Schleuder. Die Schlinge wirbelte, der Stein sauste durch die Luft: Treffer! Der Riese fiel zu Boden. Der Stein hatte ihn genau in die Stirn getroffen. Die Israeliten jubelten. – Was für ein großer Sieg Gottes!

Gott aber sei Dank, der uns den Sieg gibt durch unseren Herrn Jesus Christus!

Die Bibel – 1. Korinther 15,57

SALOMO

Ein guter Rat vom alten Vater

Bevor König David starb, sagte er zu seinem Sohn Salomo: „Sei mutig! Diene dem Herrn, deinem Gott, und bleib auf seinen Wegen. Halte alle Vorschriften, die im Gesetz Moses festgehalten sind. Dann wirst du Erfolg haben mit allem, was du tust."

Ein Wunsch frei bei Gott

Salomo war noch jung, als er König wurde. Eines Nachts erschien Gott ihm im Traum und fragte ihn: „Was willst du haben? Bitte, und ich werde es dir geben!"

Salomo antwortete: „Du hast meinem Vater so viel Gutes getan, weil er ehrlich, wahrhaftig und dir von Herzen treu war. Herr, mein Gott, ich bin im Grunde noch ein Kind und weiß nicht, was ich tun soll. Schenk mir ein gehorsames Herz, damit ich dein Volk gut regiere und den Unterschied zwischen Gut und Böse erkenne." – Worum hättest du Gott gebeten? – Salomos Bitte gefiel Gott so gut, dass er Salomo nicht nur Weisheit gab, sondern auch so viel Reichtum und Ehre wie keinem anderen König vor oder nach ihm.

Der Bau des Tempels

Vier Jahre nachdem er König geworden war, begann Salomo, einen Tempel für Gott in Jerusalem zu bauen. Es war ein prachtvolles, herrliches Gebäude. Die Räume des Tempels waren an den Wänden vollständig mit Gold überzogen und reich verziert. Jeder sollte sehen, wie groß der Gott Israels war.

Weisheit, die sich herumspricht

Salomos Regierung tat dem ganzen Volk gut. Die Menschen hatten genug zu essen und zu trinken und waren glücklich, weil sie in Frieden und Sicherheit lebten.

Salomos Weisheit war unvorstellbar groß. Er dachte sich 3.000 Sprichwörter aus, von denen viele im Buch der Sprüche festgehalten worden sind. Außerdem dichtete er 1.005 Lieder. Er beschrieb alle Arten von Pflanzen und Tieren. Andere Könige schickten ihre Abgesandten zu Salomo, damit sie von ihm lernen konnten.

Leider hatte Salomo auch eine Schwäche. Er heiratete viele Frauen. Darunter waren Frauen aus den Nachbarvölkern, die anderen Göttern dienten. Sie brachten den alten Salomo dazu, ihre Götter anzubeten, sodass er nicht mehr allein auf Gott vertraute.

Die Teilung des Reichs

Das Volk Israel, das aus zwölf Stämmen bestand, wurde geteilt: Jerobeam herrschte als König über die zehn Stämme im Norden. Er machte Samaria zur Hauptstadt seines Reichs. Rehabeam, der Sohn Salomos, regierte weiter von Jerusalem aus über die zwei Stämme Juda und Benjamin. In der Folgezeit kam es leider immer wieder zu Kriegen zwischen dem Nordreich und dem Südreich.

Gepriesen sei der Name Gottes
von Ewigkeit zu Ewigkeit! Denn
Weisheit und Macht, sie sind sein.

Die Bibel – Daniel 2,20

Ein großes Fest

König Xerxes regierte über das riesige Reich der Perser. Er veranstaltete für alle wichtigen Männer ein gewaltiges Fest, um zu zeigen, wie reich und mächtig er war. Am letzten Tag des Festes wollte er seinen Gästen zeigen, wie schön seine Königin Vasti war. Er schickte seine Diener, um sie zu holen. Aber Vasti weigerte sich. Das machte den König wütend und Vasti wurde abgesetzt.

Damit er wieder eine neue Königin bekam, ließ der König die schönsten jungen Frauen im ganzen Reich zum Palast bringen. Unter ihnen war Esther, ein jüdisches Mädchen, das keine Eltern mehr hatte. Esther lebte bei ihrem älteren Cousin Mordokai. Xerxes war von ihrer Anmut und Schönheit überwältigt. Er wählte sie zur neuen Königin. Esther verriet ihm aber nicht, dass sie Jüdin war.

Der vereitelte Mordplan

Eines Tages erfuhr Mordokai, dass zwei Wachleute vorhatten, den König zu ermorden. Rasch informierte er Esther und der Plan wurde durchkreuzt. Die Schreiber des Königs schrieben dieses wichtige Ereignis in die Geschichtsbücher.

Dann wurde ein neuer Mann am Königshof groß: Haman. Alle mussten sich vor ihm verbeugen, wenn er durch die Straßen der Stadt zog. Nur Mordokai verbeugte sich nicht. Das machte Haman wütend und er beschloss, alle Juden im Reich zu vernichten. Dazu überredete er den König, ein Gesetz zu erlassen. Das erlaubte den Gegnern der Juden, sie an einem bestimmten Tag anzugreifen.

Die Juden in großer Gefahr

Als Mordokai hörte, dass die Juden in Lebensgefahr waren, informierte er Esther und forderte sie auf, beim König für ihr Volk um Gnade zu bitten. Aber das war nicht einfach. Niemand durfte ungerufen zum König – nicht einmal die Königin.

Esther bat Mordokai, dass die Juden in Susa drei Tage für sie fasten sollten. „Dann will ich zum König gehen, auch wenn ich dafür sterben muss", sagte sie. So geschah es. Am dritten Fastentag trat Esther in den inneren Hof des Palastes vor den König. Als Xerxes Esther sah, freute er sich und streckte ihr sein goldenes Zepter entgegen – als Zeichen, dass sie ihm willkommen war. Er fragte, was sie denn wolle, und versprach, ihr jeden Wunsch zu erfüllen. Esther verriet ihren Wunsch jedoch nicht sofort. Zuerst lud sie zwei Tage nacheinander den König und Haman zu einem Essen ein. Haman kam abends nach Hause und berichtete, was passiert war. Seine Frau riet ihm, für Mordokai einen Galgen aufzurichten, und das tat Haman auch.

Der König kann nicht schlafen

In der gleichen Nacht konnte König Xerxes nicht schlafen. Zur Ablenkung ließ er sich aus den Geschichtsbüchern vorlesen. Darin stand, dass Mordokai ihm das Leben gerettet hatte. „Welche Belohnung hat er dafür bekommen?", fragte er. „Keine", antworteten seine Diener.

In diesem Moment trat Haman in den Hof. Er wollte den König um Erlaubnis bitten, Mordokai an den Galgen zu hängen. Der König fragte ihn: „Was kann ein König tun, wenn er einem Mann große Ehre erweisen möchte?" Haman schlug vor, diesem Mann ein königliches Gewand anzuziehen und ihn auf einem Pferd des Königs durch die

Stadt zu führen. Alle sollten sich vor ihm verbeugen. „Das ist eine gute Idee!", meinte der König. „Mach das mit Mordokai, der am Palasteingang sitzt!"

Ein großer Sieg

Zähneknirschend musste Haman das tun. Kurz darauf holten die Diener des Königs ihn zum nächsten Essen bei der Königin ab. Wieder fragte der König Esther: „Was ist dein Wunsch?" Da flehte Esther um das Leben ihres Volkes. „Wer will dein Volk umbringen?", wollte der König wissen.

„Haman!", sagte Esther. Der König war außer sich vor Zorn. Er ließ Haman an dem Galgen aufhängen, der für Mordokai aufgestellt worden war. Dann erlaubte er den Juden, sich zu verteidigen, wenn sie angegriffen würden. Als der Tag kam, an dem die Juden vernichtet werden sollten, besiegten die Juden ihre Feinde. Dieses Ereignis wird bis heute von den Juden jedes Jahr als Purimfest gefeiert. Die Armen erhalten dann Geschenke und es wird ein großes Festessen gehalten.

DAS ALTE TESTAMENT

Die Bibel ist ein faszinierendes Buch. Sie erzählt aus einer Zeit, die schon viele, viele Jahre zurückliegt.

Wie alt bist du? Sieben Jahre? Oder schon zehn? Nun versuche, dir einmal vorzustellen, wie die Welt vor 100 Jahren aussah. Oder vor 1.000 Jahren. Und jetzt stell dir vor: Die Zeit der Bibel ist noch viel länger her!

Unsere Zeitrechnung richtet sich nach der Geburt von Jesus Christus. Vor 2.000 Jahren lebte der Herr Jesus auf der Erde. Aus dieser Zeit erzählt der zweite Teil der Bibel, das Neue Testament. Die Geschichten aus dem Alten Testament sind sogar noch älter.

Könige und Königreiche kommen und gehen, die Welt verändert sich, du wirst älter und größer – aber einer verändert sich nicht: Jesus Christus.

„Jesus Christus ist derselbe gestern und heute und in Ewigkeit."

(Hebräer 13,8)

Auf dieser und der nächsten Doppelseite findest du einen Überblick über die Bibel.

Folge den schwarzen Pfeilen!

Die Schöpfung: „Am Anfang schuf Gott Himmel und Erde."

Adam und Eva leben in einem herrlichen Garten. Sie übertreten Gottes einziges Gebot und fallen in Sünde.

Gott rettet Noah und seine Familie in der Arche durch die große Flut, in der die alte Welt untergeht.

Mit einem hohen Turm wollen die Menschen ganz groß rauskommen. Gott verwirrt ihre Sprache und zerstreut sie über die Erde.

vor ca. 4.200 Jahren

Gott fordert Abraham auf, seine Heimat zu verlassen. Er will ihn segnen und zu einer großen Nation machen. Abraham glaubt Gott und zieht los.

Isaak heiratet Rebekka und sie bekommen die Zwillingssöhne Jakob und Esau.

In Gottes Auftrag führt Mose das Volk Israel durch die Wüste bis an die Grenze von Kanaan. In der Wüste gibt Gott ihnen die Zehn Gebote.

Unter Josua, dem Diener Moses, erobern die Israeliten nach und nach das Land Kanaan und nehmen es in Besitz.

vor ca. 3.500 Jahren

Gott befreit die Israeliten aus der Sklaverei in Ägypten.

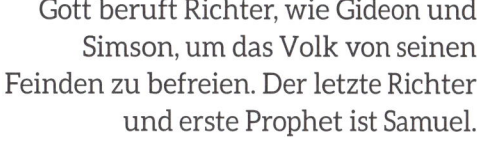

Gott beruft Richter, wie Gideon und Simson, um das Volk von seinen Feinden zu befreien. Der letzte Richter und erste Prophet ist Samuel.

Mose wird geboren. Seine Eltern haben den Mut, ihn vor dem bösen Pharao zu verstecken.

vor ca. 3.000 Jahren

Saul wird als erster König von Samuel zum König gesalbt, weil das Volk einen König fordert.

Die Nachkommen Jakobs leben über 200 Jahre in Ägypten. Aus ihnen wird ein großes Volk. Der Pharao macht sie zu seinen Sklaven.

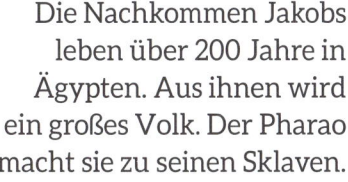

David besiegt den Riesen Goliath. Später wird er Israels zweiter König.

Joseph wird von seinen Brüdern an Sklavenhändler verkauft und gelangt nach Ägypten. Dort steigt er zum Vizekanzler auf.

König Salomo baut einen prächtigen Tempel für Gott in Jerusalem.

vor ca. 4.000 Jahren

Jakob, der den Namen Israel bekommt, hat zwölf Söhne, aus denen später die zwölf Stämme Israels werden.

Nach dem Tod Salomos zerfällt das Königreich in zwei Teile: in das Nordreich Israel und das Südreich Juda.

vor ca. 2.500 Jahren

Einige Juden dürfen in die Heimat zurückkehren. Unter Esra wird der Tempel wiederaufgebaut. Nehemia repariert die Stadtmauer Jerusalems.

DAS NEUE TESTAMENT

Daniel, der Prophet, erlebt mit seinen drei Freunden Gottes Bewahrung im Exil in Babylon.

Gott beauftragt immer wieder Propheten, die das Volk zur Umkehr rufen.

vor ca. 2.600 Jahren

Jerusalem wird vom babylonischen König Nebukadnezar II. erobert; viele Juden sterben. Die Überlebenden werden nach Babylon ins Exil geführt.

Der Prophet Jeremia und andere Propheten rufen das Volk auf, zu Gott zurückzukehren. Leider vergeblich.

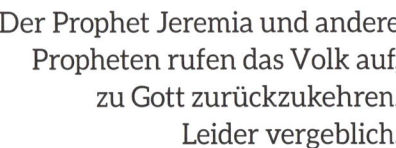

Das Nordreich wird von den Assyrern erobert (Wegführung).

Die meisten Könige verführen das Volk zum Götzendienst. Aber es gibt auch einige, die sich für Gott einsetzen.

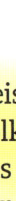

Die Bibel oder Teile von ihr sind in über 3.000 Sprachen zu lesen. Überall auf der Welt leben Menschen, die an Jesus Christus glauben.

Jesus Christus will auch dein Retter werden. Glaube an ihn!

Der Herr Jesus wird in Bethlehem geboren. Gott hat diesen Retter für sein Volk schon lange vorher durch die Propheten angekündigt.

vor ca. 2.000 Jahren

Der Glaube an den Herrn Jesus breitet sich über alle Erdteile zu immer mehr Menschen aus.

Johannes der Täufer kündigt an, dass nach ihm der Messias kommen wird. Jesus lässt sich von Johannes im Jordan taufen.

Der Apostel Johannes schreibt das letzte Buch der Bibel auf und stirbt um das Jahr 100 nach Christus.

Jesus zieht mit seinen Jüngern in Israel umher und erzählt von seinem Vater im Himmel. Er macht Kranke gesund und vergibt Sünden. So zeigt er seine Macht als Sohn Gottes.

vor ca. 1.950 Jahren

Jerusalem wird zerstört, der Tempel vollständig niedergebrannt, wie der Herr Jesus es vorhergesagt hat.

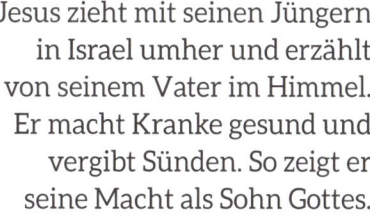

Paulus wird gefangen nach Rom gebracht. Dort schreibt er viele Briefe an Gemeinden und Christen.

Jesus Christus stirbt freiwillig am Kreuz, damit jeder, der an ihn glaubt, Vergebung der Sünden bekommt. Am dritten Tag steht Jesus Christus von den Toten wieder auf.

Paulus, ein Verfolger der Christen, kommt zum Glauben an Jesus und verbreitet die gute Nachricht auf seinen Missionsreisen.

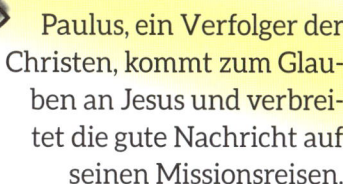

GOTT GREIFT EIN (Lukas 1)

Von dem großen Volk Gottes war nur noch ein kleiner Teil übrig, der in Palästina wohnte.

Noch schlimmer: Die Römer hatten das Land erobert. Die Juden mussten Steuern an den römischen Kaiser zahlen. Überall waren die Soldaten der Römer stationiert.

Gott greift ein

In dieser Zeit lebte der Priester Zacharias mit seiner Frau Elisabeth. Sie führten ein Leben, das Gott Freude machte. Sie waren schon ziemlich alt. Leider hatten sie keine Kinder. Wer sollte im Alter für sie sorgen?

Eines Tages war Zacharias an der Reihe mit dem Tempeldienst in Jerusalem. Er durfte ins Innere des Tempels gehen, in das Heiligtum. Dort stand ein Altar für Gott, auf dem wertvolle Gewürze verbrannten. Plötzlich stand ein Engel Gottes da. Zacharias erschrak. Aber der Engel sagte: „Hab keine Angst, Zacharias! Gott hat dein Gebet erhört. Deine Frau Elisabeth wird dir einen Sohn schenken. Den sollst du Johannes nennen."

Johannes – der Ankündiger des Retters

Dann erklärte der Engel die Aufgabe von Johannes: Er würde den Retter ankündigen, von dem schon viele Propheten gesprochen hatten. Zacharias konnte sich das nicht vorstellen. Wie sollte seine alte Frau noch ein Kind bekommen? Da sagte der Engel zu ihm: „Ich bin Gabriel, der Bote Gottes. Weil du meinen Worten nicht geglaubt hast, wirst du stumm sein, bis alles geschehen ist."

Die Leute warteten vor dem Tempel. Sie wunderten sich: Wo blieb Zacharias? Endlich kam er heraus, konnte aber nicht mehr sprechen! Hilflos machte Zacharias einige Handzeichen. Da verstanden sie, dass etwas Besonderes mit ihm geschehen war.

Elisabeth wird schwanger

Was der Engel Gabriel gesagt hatte, traf ein: Elisabeth wurde schwanger. Sie war überglücklich! Fünf Monate lang zog sie sich zurück. Dann bekam sie Besuch von einer jüngeren Verwandten mit Namen Maria. Auch Maria war ein Engel erschienen. Und auch zu Maria hatte der Engel gesagt, sie würde ein besonderes Kind zur Welt bringen. Ihr Kind sollte den Namen Jesus bekommen.

Elisabeth und Maria freuten sich gemeinsam. Maria blieb noch ungefähr drei Monate bei Elisabeth. Dann kehrte sie wieder zurück nach Hause, nach Nazareth.

Ein kleiner Junge wird geboren

Und dann kam der große Freudentag für Zacharias und Elisabeth: Sie bekamen einen kleinen Jungen! Als ihre Verwandten und Nachbarn das hörten, freuten sie sich mit ihnen. Gemeinsam staunten sie darüber, wie gut und barmherzig Gott ist.

In Israel wurden kleine Jungen am achten Tag nach ihrer Geburt beschnitten. An diesem Tag bekamen sie auch ihren Namen. Normalerweise gab man den Söhnen den gleichen Namen wie ihren Vätern. Aber Elisabeth sagte: „Nein, unser Kind soll nicht Zacharias, sondern Johannes heißen."

Johannes soll er heißen

Das verstanden die Leute nun wirklich nicht. Denn niemand aus der ganzen Verwandtschaft hatte diesen Namen. So fragten sie den glücklichen Vater, wie sein Sohn heißen sollte. Aber Zacharias konnte ja nicht sprechen. Deshalb ließ er sich eine Schreibtafel geben und schrieb die Antwort auf: „Er soll Johannes heißen."

Als er das aufgeschrieben hatte, konnte er plötzlich wieder sprechen und Gott loben. Was für ein Wunder!

Aber schon bald würde ein noch viel größeres Wunder geschehen: Gott würde seinen Sohn Jesus Christus in die Welt schicken. – Wie gut ist Gott!

Durch die herzliche Barmherzigkeit unseres Gottes hat Jesus uns besucht, um denen zu leuchten, die in Finsternis sitzen, und um unsere Füße auf den Weg des Friedens zu richten.

Die Bibel – nach Lukas 1,78.79

Johannes tauft am Jordan

Johannes der Täufer war der letzte und größte Prophet. Sein Auftrag: Er sollte den Leuten sagen: „Bald kommt der Retter (der Messias)!" Dazu lebte er in der Wüste. Er ernährte sich von Heuschrecken und wildem Honig.

Johannes sagte den Menschen, dass sie ihr Leben mit Gott in Ordnung bringen sollten. „Kehrt um zu Gott!", sagte er zu ihnen. „Denn bald fängt Gottes Reich an!" Wer das tat, wurde von Johannes im Jordanfluss getauft. Beim Taufen steigt jemand ins Wasser und wird kurz untergetaucht. Überall sprach sich herum, dass ein Prophet am Jordan taufte. Immer mehr Leute kamen zu ihm.

Wichtige Männer kommen zu Johannes

Auch von den wichtigen und mächtigen Männern aus der Hauptstadt Jerusalem kamen viele zu Johannes.

„Ihr seid so gefährlich und böse wie kleine Giftschlangen!", redete Johannes ihnen ins Gewissen. „Denkt ihr, dass ihr der Strafe Gottes entkommt? Hört damit auf, Böses zu tun, und zeigt durch euer Verhalten, dass ihr mit Gott leben wollt." – Dazu musst du wissen, dass diese Männer sehr falsch und rücksichtslos waren. Sie gaben vor, das Gesetz Gottes bestens zu kennen. Aber ihr Verhalten gefiel Gott überhaupt nicht.

„Bald kommt einer", sagte Johannes weiter, „der ist viel mächtiger und größer als ich." Damit meinte er Jesus.

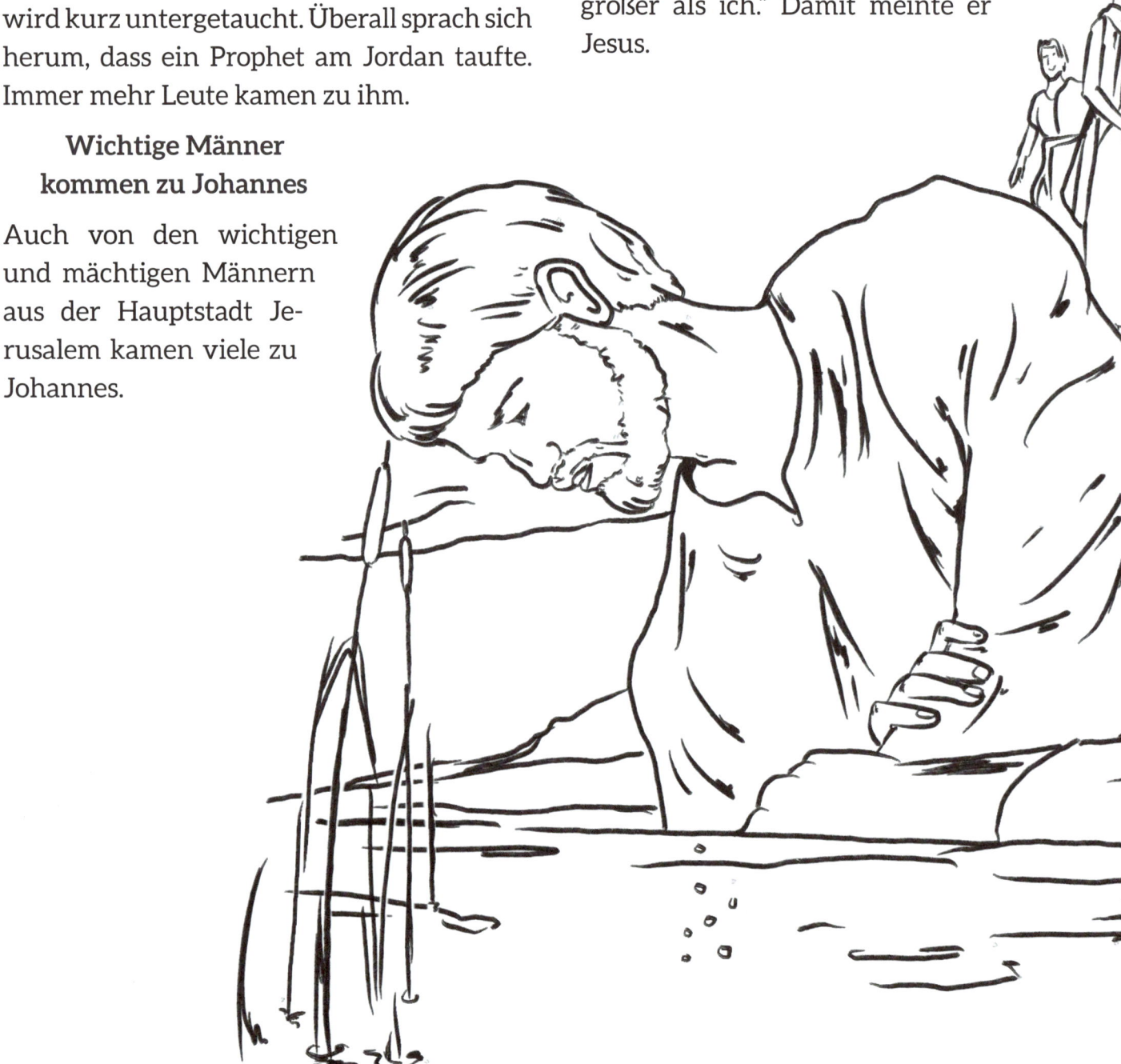

Jesus kommt zu Johannes

Und dann war es eines Tages so weit: Jesus Christus und Johannes waren ja beinahe gleich alt. Nun, im Alter von rund 30 Jahren, begegneten sie sich am Jordanfluss.

Jesus kam zu Johannes, um von ihm getauft zu werden. Damit hatte Johannes nun wirklich nicht gerechnet. Er versuchte, Jesus davon abzubringen, und sagte: „Ich müsste mich eigentlich von dir taufen lassen, und du kommst zu mir?"

„Lass es dieses Mal so geschehen, denn Gott will es so", sagte der Herr Jesus.

Der Herr Jesus lässt sich taufen

Im Unterschied zu den anderen Menschen brauchte der Herr Jesus vor seiner Taufe keine Sünden zu bekennen, weil er nie welche tat. Trotzdem ließ er sich taufen. Er wollte damit zeigen, dass er ein Mensch war und dass er mit allem einverstanden war, was Johannes predigte.

Und so taufte Johannes den Herrn Jesus. Der Prophet taufte den Messias, den Retter! Das war wirklich einzigartig.

Als Jesus getauft worden war, öffnete sich der Himmel. Denn dazu konnte Gott nicht schweigen. Gott, der Heilige Geist, kam wie eine Taube vom Himmel auf Jesus, und eine Stimme sagte – und das war Gott, der Vater –: „Dieser ist mein lieber Sohn, an dem ich meine ganze Freude habe."

Hierin ist die Liebe Gottes zu uns offenbart worden, dass Gott seinen eingeborenen Sohn in die Welt gesandt hat, damit wir durch ihn leben möchten.

Die Bibel – 1. Johannes 4,9

DIE HOCHZEIT IN KANA (Johannes 2,1–11)

Jesus ist eingeladen

Eines Tages war der Herr Jesus mit seinen Jüngern zu einer Hochzeit eingeladen. Auch Maria, die Mutter von Jesus, war dort. Eine Hochzeit dauerte damals mehrere Tage lang und es waren viele Gäste eingeladen, um sich mit dem Hochzeitspaar zu freuen.

Natürlich gab es auf so einer großen Feier für alle Gäste leckeres Essen und Trinken. Nun war auf dieser Hochzeit etwas super Peinliches passiert: Der Wein war ausgegangen! Und es gab ja noch keinen Getränkemarkt, um Nachschub zu holen.

Gehorsame Diener

Maria hatte davon erfahren und sagte es Jesus: „Sie haben keinen Wein mehr." Zu den Dienern, die die Gäste versorgten, sagte Maria: „Tut alles, was Jesus euch sagt."

In der Nähe standen sechs große Wasserkrüge aus Stein. Die Krüge waren leer. In jeden von ihnen passten 30 bis 40 Liter Wasser. Jesus sagte zu den Dienern: „Füllt die Krüge mit Wasser!" Sofort holten die Diener Wasser herbei und füllten die Krüge bis zum Rand.

Dann sagte der Herr Jesus: „Schöpft etwas aus den Krügen und lasst den Speisemeister davon kosten." Das taten die Diener gehorsam.

Der Speisemeister wundert sich

Als der Speisemeister die Flüssigkeit kostete, ließ er verwundert den Bräutigam rufen und beschwerte sich bei ihm: „Warum habt ihr den besten Wein so lange aufgehoben?"

Was war geschehen? Der Herr Jesus hatte durch ein Wunder das Wasser in allen sechs Krügen in besten Wein verwandelt!

Jesus kann Wunder tun

Dieses Wunder war das erste Wunder, das Jesus tat. Die Jünger von Jesus staunten sehr darüber, was der Herr Jesus getan hatte. Wer kann schon aus Wasser Wein machen? Das kann niemand. Nur Gott kann so etwas tun, weil er alles kann. Und weil Jesus Christus Gottes Sohn ist, kann er auch alles tun.

Er kann nicht nur Wasser in Wein verwandeln, sondern er kann dir sogar alles Böse vergeben, was du getan hast, wenn du ihn darum bittest. Das kann nur er tun. Und nur er kann dich sicher zu Gott in den Himmel bringen.

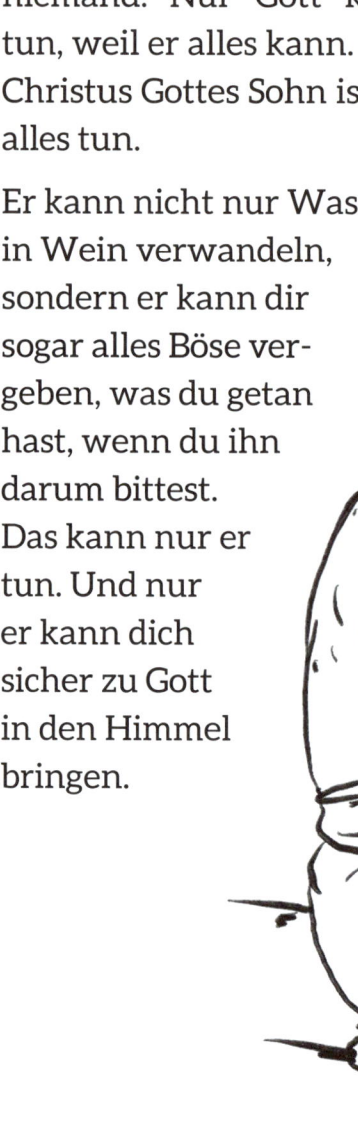

Gott hat uns geliebt und seinen Sohn gesandt als Sühnung für unsere Sünden.

Die Bibel –
nach 1. Johannes 4,10

SIMON-PETRUS WIRD MENSCHENFISCHER

Jesus predigt am Seeufer

Jesus war ungefähr 30 Jahre alt. Zu dieser Zeit begann er durch das Land Israel zu ziehen und zu predigen. Anfangs tat er das in den Ortschaften am See Genezareth, der im Norden Palästinas liegt.

Einmal predigte der Herr Jesus am Ufer des Sees. Viele Menschen hörten ihm zu. Die Zuhörer, die weiter hinten in der Menge standen, konnten Jesus nicht gut sehen und sicher auch nicht so gut hören.

Das Boot von Petrus für den Herrn Jesus

In der Nähe lagen zwei Fischerboote am Ufer. Die Fischer waren nachts auf dem See unterwegs zum Fischen. Tagsüber verkauften sie die Fische und bereiteten sich auf den nächsten Fischfang vor. Sie säuberten gerade ihre Fischernetze.

Jesus stieg in eins der Schiffe. Es gehörte dem Fischer Simon. Später würde Jesus ihm den Namen Petrus geben. Der Herr Jesus fragte Simon, ob er ihn ein kleines Stück aufs Wasser hinausfahren könnte. Das tat Simon gerne. Jetzt konnte Jesus vom Schiff aus prima zu den vielen Leuten am nahen Ufer reden. Alle sahen und hörten ihn.

Fische am helllichten Tag fangen?

Als der Herr Jesus fertig geredet hatte, sagte er zu Simon: „Fahr jetzt mitten auf den See hinaus, wo das Wasser tief ist. Dann werft dort eure Netze zum Fang aus!"

Simon war ein erfahrener Fischer. Er wusste, dass man Fische am besten nachts fängt und auch nicht im tiefen Wasser, sondern dichter am Ufer. Er sagte zu Jesus: „Meister, die ganze Nacht haben wir versucht, Fische zu fangen. Kein einziger ist uns ins Netz gegangen. Aber weil du es sagst, will ich es jetzt noch einmal versuchen."

Der wunderbare Fang

Simon und seine Freunde, die auch Fischer waren, taten, was Jesus gesagt hatte. Und was geschah? Sie fingen auf einen Schlag so viele Fische, dass das Netz zu reißen begann! Schnell winkten sie ein anderes Boot herbei, das ihnen helfen sollte. Sie zogen so viele Fische in die beiden Boote, dass sie zu sinken drohten!

Da fiel Petrus vor dem Herrn Jesus auf die Knie: „Herr, ich habe es nicht verdient, bei dir zu sein. Geh lieber weg von mir. Ich bin ja ein sündiger Mensch!"

„Von jetzt an wirst du Menschen fangen"

Simon und seine Freunde Jakobus und Johannes waren richtig erschrocken. Sie konnten es einfach nicht fassen, was passiert war. So einen riesigen Fang hatten sie noch nie erlebt oder davon gehört!

Der Herr Jesus sagte zu Simon: „Du brauchst keine Angst vor mir zu haben. Von jetzt an wirst du Menschen fangen."

Simon, Jakobus und Johannes zogen ihre Boote an Land. Jetzt hätten sie eine Menge Arbeit mit den vielen Fischen gehabt. Aber sie waren so beeindruckt von dem Herrn Jesus. Sie ließen einfach alles stehen und folgten Jesus nach.

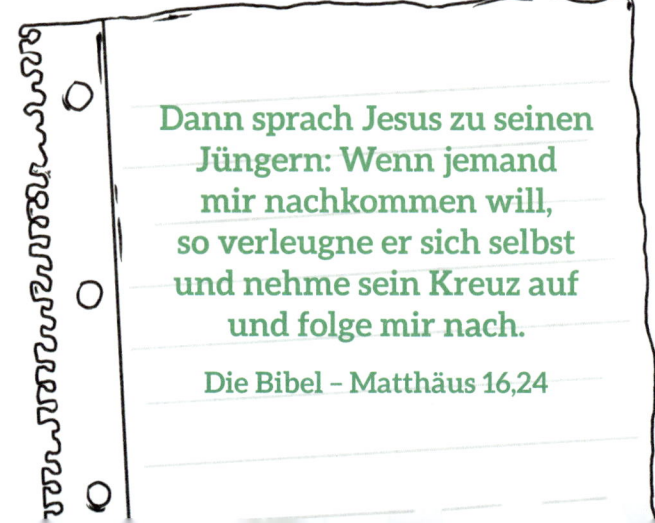

Dann sprach Jesus zu seinen Jüngern: Wenn jemand mir nachkommen will, so verleugne er sich selbst und nehme sein Kreuz auf und folge mir nach.

Die Bibel – Matthäus 16,24

(Lukas 5.1–11)

Jesus Christus nachfolgen

Heute ist der Herr Jesus im Himmel bei Gott. Aber er sucht immer noch Menschen, die ihm nachfolgen. Doch wie geht das heute?

Jesus Christus nachfolgen bedeutet: Du weißt, wie lieb der Herr Jesus dich hat und was er für dich getan hat. Du nimmst ihn zum Vorbild. Was ihm wichtig ist, ist dir auch wichtig. Deshalb lebst du für ihn und möchtest ihm Freude machen.

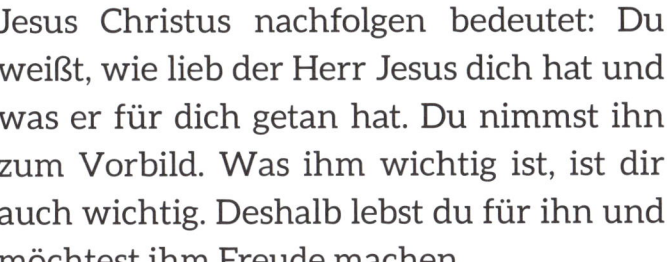

DER BARMHERZIGE SAMARITER (Lukas 10,25–3?)

Die Frage des Gesetzgelehrten

Zur Zeit von Jesus gab es schlaue Männer, die sich super im Alten Testament auskannten. Das waren die Gesetzgelehrten. Einer von ihnen fragte einmal den Herrn Jesus: „Lehrer, was muss ich tun, um ewiges Leben zu bekommen?"

„Wie verstehst du das Gesetz?", fragte Jesus zurück. Das Gesetz waren Regeln von Gott für sein Volk. Aber es hatte noch nie jemand geschafft, sich an alle Regeln zu halten. Das geht auch gar nicht, weil jeder Mensch ein verdorbenes Herz hat und Böses tut.

Die erste und wichtigste Regel sagt, dass man Gott lieben soll. Die zweitwichtigste Regel heißt: „Du sollst deinen Nächsten lieben wie dich selbst!" Das hatte der Gesetzlehrer gut verstanden. Aber er wollte es genauer wissen. Er fragte Jesus: „Und wer ist mein Nächster?"

Jesus erzählt ein Gleichnis

Der Herr Jesus antwortete mit einer Beispielgeschichte: „Ein Mann war von Jerusalem nach Jericho unterwegs. Plötzlich kamen Räuber und überfielen ihn. Sie nahmen ihm alles weg, sein Geld und seine Kleider. Dann verprügelten sie ihn, ließen ihn schwer verletzt am Wegesrand liegen und machten sich aus dem Staub.

Zufällig kam ein Priester vorbei. Er hatte wohl seinen Tempeldienst in Jerusalem verrichtet und war auf dem Weg nach Hause. Als er den Verletzten sah, wechselte er die Straßenseite und ging einfach weiter. Kurz darauf kam ein Tempeldiener, ein Levit, vorbei. Aber auch der ging weiter, ohne zu helfen.

Der barmherzige Samariter

Als Nächster kam ein Mann aus Samaria des Weges. Als er den Verletzten sah, bekam er echtes Mitleid. Er ging zu ihm und verband seine Wunden, nachdem er sie gesäubert hatte. Dann setzte er ihn auf seinen Esel und brachte ihn in ein Gasthaus. Dort kümmerte er sich fürsorglich um ihn.

Am anderen Morgen, als der Samariter wieder weiterreisen musste, gab er dem Gastwirt ausreichend Geld und sagte ihm: ‚Kümmere dich gut um den ausgeraubten Mann. Pfleg ihn wieder gesund. Wenn ich das nächste Mal vorbeikomme, zahle ich dir alles, was du für ihn tust.'"

Wer ist mein Nächster?

Als Jesus fertig erzählt hatte, fragte er den Gelehrten: „Was denkst du? Wer von den dreien war für den ausgeraubten Mann der Nächste?" Der Gelehrte begriff sofort, dass das der Samariter gewesen war.

Hast du schon mal darüber nachgedacht, dass Jesus viel mehr getan hat als der barmherzige Samariter? Der Herr Jesus hat sein Leben geopfert, damit wir Vergebung unserer Sünden bekommen können. – So barmherzig und so gut ist Jesus Christus.

Jesus Christus sprach:

Größere Liebe hat niemand als diese, dass jemand sein Leben lässt für seine Freunde.

Die Bibel – Johannes 15,13

Ohne Hoffnung in Jericho

Die Stadt Jericho liegt ungefähr eine halbe Autostunde von Jerusalem entfernt. Auf dem Weg vom Norden Palästinas nach Jerusalem zog man meistens durch Jericho. Natürlich nicht mit dem Auto, sondern zu Fuß oder auf einem Esel.

In Jericho lebte Bartimäus. Er konnte schmecken, hören, riechen und fühlen, aber nicht sehen. Er war blind. Für ihn gab es keine Blindenschule, keinen Blindenhund und auch keine Blindenschrift. Das alles gab es ja noch nicht zu jener Zeit. Und so saß der arme Bartimäus jeden Tag an der Straße und bettelte. Was sollte er auch sonst tun?

Jesus von Nazareth kommt vorüber

Eines Tages horchte Bartimäus auf. Warum hörte er so viele Schritte und alle liefen in die gleiche Richtung? Er fragte einige der Vorübergehenden: „Was ist heute los?"

„Jesus von Nazareth kommt gleich durch die Stadt", antworteten sie. Jesus! Bartimäus fing laut an zu rufen: „Jesus, Sohn Davids, hab Erbarmen mit mir!"

„Halt den Mund!", sagten die Leute, die Jesus vorausgingen. Aber Bartimäus schrie nur noch lauter: „Sohn Davids, hab doch Erbarmen mit mir!" – Der Blinde nannte Jesus den Sohn Davids, weil so der Retter und König genannt wurde. Bartimäus glaubte daran, dass der Herr Jesus dieser König war. – Und? Was denkst du? Bleibt ein König stehen, wenn er von einem blinden Bettler gerufen wird?

Der Herr Jesus hat Erbarmen

Ja, Jesus blieb stehen. Er ließ Bartimäus zu sich führen, weil der Blinde ja nicht alleine zu ihm finden konnte. Und dann stand der Bettler vor dem Herrn Jesus. Bestimmt war er sehr aufgeregt. „Was willst du? Was soll ich für dich tun?", fragte Jesus.

Was für eine Frage! Wusste Jesus denn nicht, was Bartimäus wollte? Natürlich wusste er das. Aber er wollte es gerne von ihm hören. – So freut der Herr Jesus sich auch darüber, wenn *du* ihm alles sagst!

Bete zu ihm und sprich mit ihm über alles, was dich traurig macht. Du kannst ihn zwar nicht sehen. Das konnte Bartimäus auch nicht. Aber Jesus Christus sieht dich so gut, wie er Bartimäus sehen konnte. Und er hört dir zu. Ganz bestimmt!

Was für ein großes Wunder!

Bartimäus sagte: „Herr, ich möchte so gerne wieder sehend werden!"

„Dann werde wieder sehend! Dein Glaube hat dich geheilt", sagte der Herr Jesus.

Und im gleichen Moment konnte Bartimäus wieder sehen! Wie froh und glücklich war er! Er dankte Gott von ganzem Herzen für seine Heilung und folgte Jesus Christus nach. Und auch alle anderen, die dieses Wunder miterlebt hatten, lobten Gott.

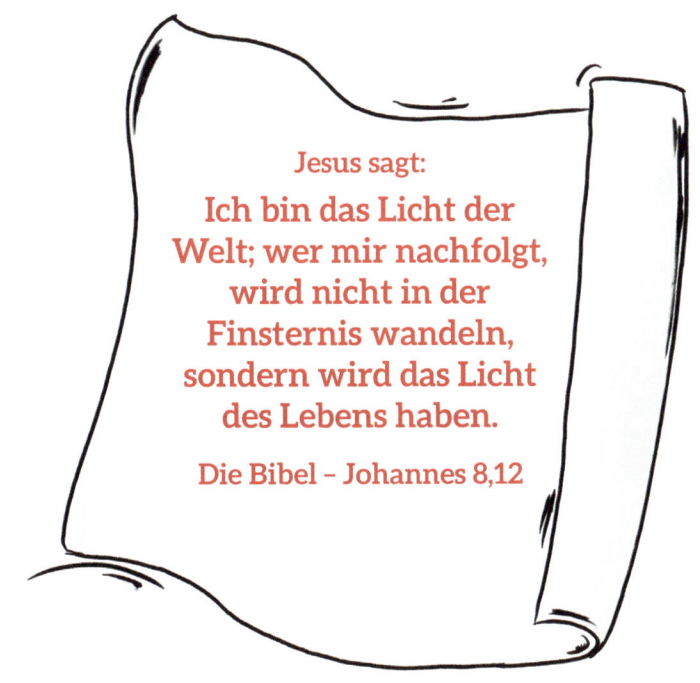

Jesus sagt:

Ich bin das Licht der Welt; wer mir nachfolgt, wird nicht in der Finsternis wandeln, sondern wird das Licht des Lebens haben.

Die Bibel – Johannes 8,12

Jesus redet in Gleichnissen

Der Herr Jesus redete oft in Gleichnissen. Ein Gleichnis ist eine Beispielgeschichte. Sie soll uns etwas Wichtiges von Gott erklären.

„Das Reich, das Gott vom Himmel aus regiert, vergleiche ich mit zehn Brautjungfern", sagte Jesus.

Die Brautjungfern waren unverheiratete Mädchen. Sie holten bei einer Hochzeit damals den Bräutigam ab und begleiteten ihn zu dem Haus, wo die Braut auf ihn wartete. Das geschah spät am Abend, wenn es schon dunkel war. Jede Brautjungfer hatte eine Lampe, die mit Lampenöl brannte.

Fünf sind töricht und fünf sind klug

Jesus erzählte weiter: „Fünf Brautjungfern waren töricht (nicht sehr schlau) und fünf waren klug. Die fünf Törichten hatten vergessen, Ersatzöl für ihre Lampen mitzunehmen. Nur die fünf Klugen hatten daran gedacht.

Die zehn Brautjungfern mussten lange auf den Bräutigam warten. Darüber schliefen sie ein. Um Mitternacht wachten sie auf: „Seht, der Bräutigam kommt! Geht ihm entgegen!"

Schnell standen sie auf und griffen nach ihren Fackeln. Die fünf Törichten hatten jetzt ein großes Problem. Sie sagten zu den Klugen: „Gebt uns etwas von eurem Öl ab!

Unsere Lampen brennen nicht mehr lange genug!" Aber die Klugen antworteten: „Nein, auf keinen Fall! Unser Öl reicht nicht für uns alle. Geht doch zum Kaufmann und besorgt euch etwas!"

„Ich kenne euch nicht!"

Das taten die fünf Törichten. Aber während sie unterwegs zum Kaufmann waren, kam der Bräutigam schon. Die klugen Brautjungfern begleiteten den Bräutigam zur Hochzeit. Hinter ihnen schloss man die Tür zum Festsaal. Nicht lange danach kamen auch die Törichten an die Tür und bettelten: „Herr, Herr, lass uns bitte herein!"

„Wer seid ihr denn? Ich kenne euch gar nicht", sagte der Bräutigam und ließ sie nicht herein.

Jesus Christus sagt:
Wacht also, denn ihr wisst weder den Tag noch die Stunde.
Die Bibel – Matthäus 25,13

ZEHN JUNGFRAUEN (Matthäus 25,1–13)

Nachdem Jesus Christus dieses Gleichnis erzählt hatte, sagte er: „Passt immer gut auf! Bleibt wachsam! Denn ihr könnt ja nicht den Tag und auch nicht die Stunde wissen."

Was will der Herr Jesus dir damit sagen? Dass du immer bereit sein solltest, Gott zu begegnen. Schließlich weiß niemand, wie viel Zeit er noch hat, um Jesus als Retter anzunehmen. Deshalb: Glaube heute an den Herrn Jesus!

PETRUS VERLEUGNET JESUS (Johannes 13 und 18)

Das Passahfest in Jerusalem

Der Herr Jesus war mit seinen Jüngern drei Jahre durch Israel gezogen. Überall hatte er den Menschen geholfen, Wunder getan und von Gott, seinem Vater, erzählt. Aber Jesus war nicht nur gekommen, um Gutes zu tun und Wunder zu wirken. Er war gekommen, um für die Sünden der Menschen zu sterben – damit Gott jedem vergeben kann, der an ihn glaubt.

In Jerusalem stand das Passahfest bevor, das jedes Jahr gefeiert wurde. Auch Jesus war mit seinen Jüngern in Jerusalem. Jesus Christus ist ja der Sohn Gottes. So wusste er im Voraus, dass er bald sterben würde, und er sagte es den Jüngern.

Petrus will zum Herrn Jesus halten

Aber Petrus hörte das nicht gerne. Er hatte den Herrn Jesus sehr lieb. Und so sagte Petrus zu Jesus: „Ich bleibe bei dir. Ich bin bereit, mein Leben für dich einzusetzen!"

Jesus antwortete Petrus: „Du willst dein Leben für mich einsetzen? Nein, ich sage dir ganz bestimmt: Du wirst dreimal behaupten, mich nicht einmal zu kennen, bevor morgen früh der Hahnenschrei ertönt."

Alles kam so, wie Jesus gesagt hatte: In der gleichen Nacht wurde der Herr Jesus gefangen genommen. Voller Angst ließen ihn alle seine Jünger im Stich und liefen weg. Auch Petrus lief weg. Später folgte er heimlich im Dunkeln den bewaffneten Männern, die Jesus mitnahmen. Petrus wollte sehen, was mit Jesus geschah. Er hoffte, dass ihn niemand erkennen würde.

Petrus streitet ab, Jesus zu kennen

Während der Herr Jesus im Haus des Hohepriesters verhört wurde, schlich Petrus in den Innenhof. Dort standen die Diener um ein Kohlenfeuer. Sie wärmten sich, weil die Nacht kühl war. Petrus stellte sich zu ihnen. Plötzlich sprach eine Dienerin Petrus an und sagte: „Ich kenne dich. Du bist doch auch ein Jünger von Jesus!" – Petrus erschrak! Blitzschnell log er: „Ich weiß nicht, was du sagst."

Schnell entfernte sich Petrus, um weiteren Fragen aus dem Weg zu gehen. Aber in der Torhalle wurde er wieder angesprochen und kurz darauf noch einmal. Und noch zweimal stritt Petrus ab, Jesus zu kennen.

Später schreibt Petrus in einem Brief an jüdische Christen:
Denn es hat ja Christus einmal für Sünden gelitten, der Gerechte für die Ungerechten, damit er uns zu Gott führe.
Die Bibel – 1. Petrus 3,18

Beim dritten Mal krähte der Hahn. Da fiel Petrus ein, was der Herr Jesus ihm gesagt hatte. Er ging hinaus auf die Straße und weinte. Es tat ihm so schrecklich leid, dass er dreimal hintereinander gelogen hatte.

Der Herr Jesus setzt sein Leben ein!

Und der Herr Jesus? Er ließ alles mit sich geschehen, was die Menschen ihm antaten. Zuletzt starb er am Kreuz. Dort nahm er freiwillig die Strafe Gottes für das Böse auf sich, das Petrus getan hatte.

Er setzte sein Leben für Petrus ein. Jesus Christus trug auch die Strafe für alle Menschen, denen ihre Sünden leidtun und die an ihn glauben. Und du? Weißt du schon, dass deine Sünden vergeben sind?

Was geschieht, nachdem Jesus gestorben ist?

Als Jesus gestorben war, legte man ihn in ein Felsengrab. Das war eine Höhle, die einem reichen Mann gehörte. Darin hatte noch nie ein Toter gelegen. Vor die Höhle rollte man einen schweren Stein. Und eine Mannschaft römischer Soldaten bewachte das Grab.

Dann, am dritten Tag, nachdem Jesus gestorben war, geschah ein großes Wunder: Als einige Frauen frühmorgens zum Grab kamen, fanden sie den Stein weggerollt. Die Soldaten waren vor lauter Angst weggelaufen. Das Grab war leer! Ein Engel sagte zu ihnen: „Was sucht ihr den Lebenden unter den Toten? Er ist nicht hier, sondern er ist auferstanden."

Jesus Christus lebt!

Der Herr Jesus lebt! Seine Jünger konnten ihn sehen und ihn anfassen. Er sagte zu ihnen: „Macht euch auf den Weg und erzählt vielen Menschen die gute Nachricht von mir weiter. Ladet sie dazu ein, meine Jünger zu werden, und tauft sie auf den Namen des Vaters, des Sohnes und des Heiligen Geistes. Erklärt ihnen meine Worte und erinnert sie an alles, was ich euch gesagt habe." Dann versprach Jesus ihnen: „Ich bleibe immer bei euch bis ans Ende der Zeit." 40 Tage nach seiner Auferstehung kehrte der Herr Jesus zurück zu Gott in den Himmel, wo er jetzt lebt.

Jesus hat versprochen, dass er bald für alle wiederkommt, die an ihn glauben. Jeder, der zu ihm gehört, wird einmal bei Gott im Himmel sein. Dort wird es wunderschön sein. Dort gibt es keinen Tod mehr, keine Traurigkeit, keine Tränen, keine Schmerzen.

Warum passen wir Menschen nicht in Gottes Nähe?

Ohne Jesus Christus kann kein Mensch zu Gott in den Himmel kommen. Warum? Weil wir ein verdorbenes Herz haben und weil wir böse Dinge tun. Zum Beispiel lügen wir, streiten oder sagen böse Worte über andere. Diese bösen Worte und Taten nennt die Bibel „Sünden". Es ist leider so schnell passiert, dass wir sündigen – wie Petrus, als er behauptete, Jesus nicht zu kennen.

Gott ist immer nur gut und gerecht. Er kann nichts Böses in seiner Nähe erlauben. Er muss Böses bestrafen. Gleichzeitig hat er uns Menschen sehr lieb. Deshalb dachte Gott sich einen großartigen Plan aus, wie wir unsere Sünden loswerden können.